Egbert Scheunemann

Griechenland als Exempel

oder als der Fluch
des Neoliberalismus über die
Menschen kam

Bibliografische Information der Deutschen Nationalbibliothek
Die Deutsche Nationalbibliothek verzeichnet diese Publikation in der
Deutschen Nationalbibliografie; detaillierte bibliografische Daten sind
im Internet über http://dnb.d-nb.de abrufbar.

Bildnachweise
Foto auf dem Cover: © Egbert Scheunemann

1. Auflage 2014

IMPRESSUM

© Egbert Scheunemann – www.egbert-scheunemann.de
Herstellung und Verlag: Books on Demand GmbH, Norderstedt

ISBN 9783735759832

Inhalt

Vorwort... 4
1. Einleitung.. 7
2. Notwendige persönliche Vorbemerkungen – und einige Hinweise zur Daten- und Quellengrundlage................................. 12
3. Crashkurs Krisentheorie.......................... 17
4. Wie und warum der Fluch des Neoliberalismus über uns kam................................ 21
5. Kurzer Exkurs: Die Theorie des vollständigen Marktes als dümmste Theorie aller Zeiten........... 28
6. Die verheerenden allgemeinen Folgen der neoliberalen Wirtschaftspolitik................ 36
7. Die verheerenden Folgen der neoliberalen Wirtschaftspolitik speziell für Griechenland – oder von den wahren und den falschen Ursachen der griechischen Misere..................... 39
8. Was man alternativ hätte tun sollen, um aus der Wirtschaftskrise und der Massenarbeitslosigkeit herauszukommen.................................. 44
9. Verstaatlichung der Banken und des gesamten Finanzsektors – das allein Vernünftige............ 51
10. Was man *nicht* tun sollte......................... 54

Nachwort 58

Vorwort

Die Idee zu diesem Büchlein kam mir, als die ersten – zu meiner großen Freude durchweg positiven – Reaktionen zur dritten, im Frühjahr 2014 erschienenen Auflage meines Buches „Rebellen auf Kreta" bei mir eintrafen.[1] Ein Leser meinte sogar, eines der neuen Kapitel, in dem ich auf die verheerenden Auswirkungen der seit 2008 wütenden neoliberalen Kaputtsparpolitik für Griechenland (und damit auch für Kreta) eingehe, sei die beste Kurzeinführung in die Volkswirtschaftslehre (VWL) und ökonomische Krisentheorie, die er je gelesen habe – und eine Analyse der wahren Ursachen der griechischen Misere, die unbedingt eine möglichst weite Verbreitung finden sollte.

Fast hätte ich gesagt: Gesagt – getan. Da zu erwarten war, dass mein Buch über den längsten politischen Freiheitskampf aller Zeiten – er fand über 3.000 Jahre (!) hinweg auf Kreta statt – maximal von jenen wenigen Men-

---

[1] Rebellen auf Kreta. Eine ungewöhnliche Reise durch Kretas Geschichte, Sprache und Landschaften. Ein Buch über Freundschaft, wildes Denken und wundersame Erlebnisse, Hamburg-Norderstedt, 3., überarbeitete und wesentlich erweiterte Auflage 2014, ISBN 978-3-8370-0553-0, 272 S.

schen gelesen werden würde, die, aus welchen Gründen auch immer, ein starkes Interesse an Kreta und seiner Geschichte haben, blieb kaum ein anderer Weg, als das genannte Kapitel, und zwar wesentlich überarbeitet und erweitert, in eigenständiger Form zu publizieren, um es einem größeren Publikum bekannt zu machen. Und ich wollte auch nicht einfach, wie ich das sonst oft mache, einen längeren Aufsatz schreiben, ihn ins Netz stellen und über meinen Politik-E-Mail-Verteiler in den Äther schicken – denn E-Mails werden in unserer heutigen Zeit der Informationsüberflutung schnell weggeklickt. Und ‚graue Papiere' werden selten in ‚wichtigen', ‚richtigen'[2] Zeitschriften, Fachzeitschriften und Büchern zitiert.

Es sollte also ein kleines Büchlein werden. Etwas, was man anfassen kann, an der Bushaltestelle oder in öffentlichen Verkehrsmitteln lesen kann, etwas, was man an Geburtstagen oder Weihnachten oder einfach so an Freundinnen und Freunde, Kollegen und Kolleginnen oder an all jene verschenken kann, die man etwas ärgern möchte – konservative Politiker oder andere neoliberale Irre.

---

[2] Ironisierungen etc. setze ich auch im Folgenden immer in einfache Anführungszeichen, Zitate immer in doppelte.

Der ganze Sinn dieses kleinen, schmalen Bändchens, möglichst allgemein verständlich geschrieben und also hochgradig frei von Fußnoten und allen wissenschaftlichen Anmerkungsapparaten, aber gleichwohl der Wahrheit und nichts anderem verpflichtet, ist also, eine möglichst weite Verbreitung zu finden und aufzuklären über die wahren Ursachen der – nicht nur – griechischen Misere. Aufzuklären darüber, wie der Fluch des Neoliberalismus und mit ihm Massenarbeitslosigkeit und Massenverelendung über die Menschen gekommen sind. Ich habe deswegen den Preis dieses Bändchens so sehr an die Grenze der Selbstkosten gedrückt, dass ich mich als freier Autor und Lektor, der von seiner Arbeit leben muss, nicht das erste Mal frage, was mich nur zu einem solch unverbesserlichen Idealisten, Humanisten und Aufklärer werden ließ.

Also, liebe Leserinnen und Leser, bitte tragen Sie dazu bei, dass dieses Büchlein von möglichst vielen Menschen gelesen wird! Natürlich nur, wenn Sie mit den folgenden Argumenten konform gehen. Aber daran zu zweifeln, würde mir bei Denk- und Moralfähigen wie Ihnen nicht in den Sinn kommen.

Hamburg, im August 2014　　　　　　Egbert Scheunemann

1. Einleitung

Das Aufkommen des Neoliberalismus, also des entfesselten Kapitalismus, ist identisch mit dem Aufkommen des Zeitalters der Massenarbeitslosigkeit, der Umverteilung von unten nach oben und der Verarmung immer größerer Bevölkerungsteile – wie selbst regierungsoffizielle Armuts- und Reichtumsberichte zugestehen. Selbst im Lande des – pro Kopf gerechnet – Exportweltmeisters Deutschland herrscht im vierten Jahrzehnt (!) Massenarbeitslosigkeit. Die vermeintlich von der Globalisierung und dem internationalen Wettbewerbsdruck aufgeherrschte Strategie ‚Gewinne hoch – Löhne und Sozialleistungen runter' funktioniert also selbst im Lande des Exportweltmeisters nicht. Sie funktioniert allein im Sinne der Maximierung der Gewinne – nicht im Sinne des Abbaus der Massenarbeitslosigkeit und der Bekämpfung der Massenverarmung, die inzwischen selbst viele in Vollzeit arbeitende Menschen betrifft.

Weil die ins Astronomische steigenden Gewinne aufgrund der stagnierenden Massenkaufkraft nicht mehr vollständig in der Realökonomie investiert werden konnten, wanderten sie auf die internationalen Kapitalmärkte, um dort zumindest von steigenden Aktienkursen und Dividenden zu profitieren. Und seitdem jagt eine mehr oder minder internationale Schulden- und Finanzmarktkrise die andere: die Lateinamerikakrise in den 1970er und 1980er Jahren, die US-Sparkassenkrise in den 1980-er Jahren, die Asienkrise 1997 und 1998 oder die sogenannte Dotcom-Krise (das heißt Zusammenbruch der New Economy) im Jahr 2000.[3]

Im September 2008 brach dann die US-amerikanische Investmentbank Lehman Brothers zusammen – und es folgte in Form einer Kettenreaktion die schlimmste Finanzmarkt- und Realwirtschaftskrise des Kapitalismus seit dem Ausbruch der Weltwirtschaftskrise 1929. Griechenland wurde von dieser Krise und vor allem von dem nach neoliberalen Mustern vollzogenen Versuch, sie zu überwinden, so sehr getroffen wie kein anderes Land, und zwar weltweit. Und das, obwohl Griechenland am Ausbruch dieser Krise keinerlei Schuld trug – ein kleines Land mit nur knapp elf Millionen Einwohnern, dessen Bruttoinlandsprodukt viel kleiner ist als das auch nur Nordrhein-Westfalens, dessen gesamte Staatsschulden ein lächerlicher Firlefanz im Promillebereich dessen sind, was auf den internationalen Finanzmärkten täglich umgesetzt wird, und

---

[3] Zur Daten- und Quellengrundlage später mehr.

dessen Staatsschuldenquote bis 2008 viel geringer war als die Japans und vieler anderer Industriestaaten. Zu welchen ökonomischen und sozialen Verheerungen die Griechenland von der Europäischen Zentralbank (EZB), der Europäischen Union (EU), dem Internationalen Währungsfonds (IWF) und an allererster Stelle von Großdeutschland aufgeherrschte geisteskranke Kaputtsparpolitik geführt hat, haben Sie, liebe Leserinnen und Leser, bestimmt aufmerksam in der Presse verfolgt: ein Wirtschaftszusammenbruch in der Größenordnung eines *Drittels* des griechischen Sozialprodukts seit 2008, ein analoger Zusammenbruch der Steuerbasis, eine dramatische Steigerung der Staatsschuldenquote seit 2007, rasant steigende Arbeitslosigkeit (die Quote stieg von 7,68 % 2008 auf fast 27 % 2013, die Jugendarbeitslosigkeit im letzten Jahr sogar auf 64 %), zunehmende Massenverelendung und Obdachlosigkeit, die Rückentwicklung zu Natural- und Tauschwirtschaft in vielen Bereichen, der weitgehende Zusammenbruch des öffentlichen Gesundheitssystems – und eine rapide steigende Selbstmordrate.

Trotz massiven Rückgangs aller wirtschaftlichen Aktivitäten nahm in den großen Städten sogar noch die Luftverpestung dramatisch zu, weil viele Griechen in den vergangenen Wintern kein Geld mehr hatten für Heizöl und deswegen Holz oder gar Abfälle verbrannten – vom Wachstum der schlimmsten Pest, der faschistischen Partei ‚Goldene Morgenröte' (Χρυσή Αυγή), die bei den griechischen Parlamentswahlen im Juni 2012 fast 7 Prozent und bei der Europawahl im Mai 2014 sogar fast 10 Prozent der Stimmen bekam, erst gar nicht zu sprechen.[4]

Und am Ende dieser zutiefst kranken, zutiefst dummen Rosskur stand und steht eine höhere Staatsschuldenquote Griechenlands als je zuvor! 2007, also im Jahr vor dem Krisenausbruch, lag diese Quote bei moderaten 107 Prozent des griechischen Bruttoinlandproduktes (BIP). 2013, also nach fünf Jahren neoliberaler Kaputtsparpolitik, jedoch bei 179 Prozent! Wenn das kein Erfolg ist! Zumindest im Dafürhalten von Geisteskranken oder Perversen.

---

[4] Eine gute Freundin, die seit fast drei Jahrzehnten auf Kreta lebt, schickte mir im April 2013 ein paar Fotos, die eine ihrer Freundinnen während eines Aufmarsches des Faschistengesindels in Míres (Μοίρες) nahe der kretischen Südküste geschossen hatte – heimlich mit dem Handy. Die Rechtsextremisten sehen dort so ekelerregend aus wie überall auf der Welt: in Kampfanzüge gekleidet, das Gesicht zur Faust geballt, der ganze Körper, die ganze Körpersprache ein einziger Ausdruck von Dummheit, Widerwärtigkeit und Gewaltbereitschaft.

Sie werden bestimmt auch davon gelesen haben, dass die Exekutoren dieser Politik, also die Vertreter der EZB, der EU, des IWF und vor allem Großdeutschlands (servile Helfershelfer in der konservativen griechischen Politik fanden sich natürlich auch), diese Folgen ihrer Politik keinesfalls leugnen, ja wortreich die Opfer bedauern, die das griechische Volk tapfer erbringe. Die Politik des eisernen Sparens (vor allem bei den Löhnen und Sozialausgaben, nicht etwa, versteht sich, bei den griechischen Rüstungsausgaben, die besonders deutschen Rüstungskonzernen zugutekommen) wird aber als alternativlos und ‚leider notwendig' bezeichnet – sekundiert von einer größtenteils unkritischen, von Werbeannoncen abhängigen, in privater Kapitalhand liegenden, teilweise kulturrassistischen Bürgerpresse und massiv angetrieben von sogenannten Wirtschaftsexperten und Wirtschaftswissenschaftlern, deren Hirne bis ins letzte Neuron vom Virus des Neoliberalismus und der Theorie des vollständigen Marktes infiziert und verblödet sind.

Vollends pervers wurde es, als die Vertreter dieser geisteskranken Kaputtsparpolitik die ersten (ich schreibe diese Zeilen Mitte Juli 2014) Anzeichen einer Erholung der griechischen Wirtschaft und der Konsolidierung des Staatshaushaltes als Folgen ihrer Politik bezeichneten.

Denn in einem perversen Sinne stimmt das sogar: Die Heilung ist die Folge des Beinbruches, der dem Patienten zugefügt wurde! Ohne Beinbruch keine Heilung des Beinbruchs! Logisch! Zumindest im Kopfe von Hirntoten.

Ich werde Ihnen, liebe Leserinnen und Leser, im Folgenden aufzeigen, dass die Rede von der Alternativlosigkeit rigider neoliberaler Sparpolitik, ob in Griechenland oder sonst wo, eine Lüge oder Ausdruck vollendeter wirtschaftsanalytischer Unfähigkeit ist, dass die Theorie, auf der der ökonomische Neoliberalismus beruht (nämlich die Theorie des vollständigen Marktes, der für alle segensreiche Wirkungen habe), die dümmste Theorie aller Zeiten ist und dass die neoliberale Kaputtsparpolitik, gemessen an ihren verheerenden ökonomischen und sozialen Folgen, ein Sozialverbrechen sondergleichen darstellt.

2. Notwendige persönliche Vorbemerkungen – und einige Hinweise zur Daten- und Quellengrundlage

Sie merken schon, liebe Leserinnen und Leser, dass ich mich so langsam in Rage schreibe. Aber das hat Gründe. Ich bin *Humanist* und Aufklärer und also zutiefst empört darüber, was den Griechen in den letzten Jahren angetan wurde. Und ich bin als Humanist und *Aufklärer* und speziell als politischer Ökonom mindestens genauso tief darüber empört, was im Namen einer strohdummen Theorie, die aber den theoretischen Mainstream der neoliberal gleichgeschalteten Wirtschaftswissenschaften darstellt, also im *Namen der Wissenschaft* an menschenverachtender Politik in Griechenland exekutiert worden ist und noch immer wird – und übrigens nicht nur in Griechenland, sondern in vielen, vielen anderen Ländern auch.[5] Aber die sind hier nun mal nicht mein Thema.

Damit Sie, liebe Leserinnen und Leser, mein überaus kritisches Verhältnis zum Mainstream der Wirtschaftswissenschaften verstehen können und aus einigen anderen Gründen, die ich gleich noch nennen werde, möchte ich Ihnen zunächst ein paar kurze autobiografische Hinweise geben:

Ich habe die politische Ökonomie quasi mit der Muttermilch aufgesogen. Nach der Hauptschule besuchte ich zwei Jahre eine Handelsschule. Da gab es schon mal Buchführung und BWL. Danach folgten drei Jahre auf einem Wirtschaftsgymnasium mit den Schwerpunkten

---

[5] Speziell die kulturrassistischen Herrenmenschen in der großdeutschen Presse nannten diese Staaten lange Zeit genüsslich die PIGS – also die Schweinestaaten (**P**ortugal, **I**talien, **G**riechenland, **S**panien). Meine gute Erziehung hindert mich

BWL, VWL und Sozial- und Gemeinschaftskunde, wie das damals noch hieß. In meinem Studium der Politologie (und Philosophie) kristallisierte sich deswegen schnell die politische Ökonomie als Schwerpunkt heraus. Meine Diplom- und Doktorarbeit schrieb ich dann auch über das Thema „Ökologisch-humane Wirtschaftsdemokratie". Darin stellte ich das Modell einer *Humanen Wirtschaftsdemokratie* von Ota Šik (1919-2004) vor, diskutierte und kritisierte es und erweiterte es um eine ökologische Dimension. Ota Šik war wirtschaftstheoretischer Kopf des Prager Frühlings 1968 und Wirtschaftsminister unter Alexander Dubček. Nach der gewaltsamen Niederschlagung dieses Reformexperimentes durch Truppen des Warschauer Paktes floh Šik in den Westen, wo er schließlich als Professor für Volkswirtschaftslehre und Systemvergleiche an der Universität im schweizerischen St. Gallen lehrte, forschte und sein Modell eines Dritten Weges weiterentwickelte.

Auch nach meinem Studium blieb die politische Ökonomie einer meiner Arbeitsschwerpunkte. 2003 erschien mein Buch „Der Jahrhundertfluch. Neoliberalismus,

---

hier daran, diese Vollstrecker deutschen Schrifttums adäquat zu qualifizieren.

Marktradikalismus und Massenarbeitslosigkeit. Eine allgemein verständliche Erklärung der Zusammenhänge", in dem ich das meiste, was ab 2008 in Form der Finanzmarktkrise über die Welt hereinbrach, vorausgesagt habe – nachlesbar. In den Folgejahren publizierte ich mehrere Artikel über die Finanzmarkt- und Bankenkrise, die (in Europa) schnell in eine Eurokrise umgelogen und in eine Staatsschuldenkrise transformiert wurde – Artikel, die speziell auch die Griechenlandkrise thematisieren und zu erklären versuchen.[6]

---

[6] *Realsatire. Anmerkungen zur internationalen Finanzmarktkrise und zur dümmsten Theorie aller Zeiten* (2008):
www.egbert-scheunemann.de/Realsatire-internationale-Fianzmarktkrise-Scheunemann.pdf
Rein in die Krise, raus aus der Krise. Was man gegen die Wirtschaftskrise tun sollte und was nicht (2009):
www.egbert-scheunemann.de/Rein-in-die-Krise-raus-aus-der-Krise-Scheunemann.pdf
Irrsinn und kein Ende. Notwendige Anmerkungen zur sogenannten Euro- und Griechenlandkrise (2010):
www.egbert-scheunemann.de/Griechenland-und-Euro-Krisenmythos-Scheunemann.pdf
Die Mär von der Euro-Krise. Notwendige Anmerkungen zu einer kollektiven Wahnvorstellung (2011):
www.egbert-scheunemann.de/Euro-Krise-Maer-von-der-Artikel-Scheunemann.pdf
Notwendige Anmerkungen zum Europäischen Stabilitätsmechanismus ESM und zu den Angriffen des politischen

Warum ich Ihnen das alles erzähle? Warum ich hier mit meinen Pfunden wuchere? Ganz einfach: Ich möchte, liebe Leserinnen und Leser, dass Sie wissen, dass ich weiß, wovon ich rede – und dass Sie mir vertrauen können, wenn ich im Folgenden meine Ausführungen und die von mir genannten Zahlen, Daten und Fakten ganz bewusst *nicht* durch ganze Apparate von Fußnoten und Quellenverweisen detailliert belege. Diese Quellennachweise und Belege finden sich in den hier in Fußnote 6 zitierten Artikeln in aller nur wünschenswerten Ausführlichkeit.[7] Und gerade *weil* ich im Folgenden zugunsten der Lesbarkeit und der Allgemeinverständlichkeit auf die wissenschaftliche *Form* der Darstellung verzichte, sei kategorisch darauf hingewiesen: Für die Wahrheit der dargestellten *Inhalte* lasse

---

Stammtischs auf den ESM und den Euro insgesamt (2012):
www.egbert-scheunemann.de/ESM-Artikel-Scheunemann.pdf

[7] Wenn Sie sich noch etwas genauer informieren wollen in Sachen Finanzmarktkrise 2007 ff. und speziell zur Griechenlandkrise, dann empfehle ich Ihnen die sehr informativen Wikipedia-Artikel, die Sie unter folgenden Such- bzw. Stichworten finden (http://de.wikipedia.org): „Finanzkrise ab 2007", „Eurokrise" und „Griechische Staatsschuldenkrise ab 2010".

ich mich erschlagen! Alter Aufklärer und Wahrheitsfanatiker, der ich bin.

Haben Sie also keine Bange, wenn ich gleich ein paar kurze krisentheoretische Präliminarien äußere und etwas VWL betreibe. Sie werden alles verstehen. Versprochen!

3. Crashkurs Krisentheorie

Wetten, dass ich es schaffe, Ihnen auf wenig mehr als zwei Seiten notwendig und hinreichend zu erklären, wie Wirtschaftskrisen im Kapitalismus grundsätzlich entstehen? Bitteschön:

Es gibt in kapitalistischen Marktwirtschaften, also in Volkswirtschaften, die durch den Austausch von privat produzierten Waren über das Vermittlungsmedium Geld auf (mehr oder minder) freien Märkten gekennzeichnet sind, letztlich nur eine Krisenursache: eine falsche Einkommensverteilung, also eine falsche Verteilung des Volkseinkommens (Y)[8] auf konsum- und investitionsori-

---

[8] In der VWL wird das Volkseinkommen (als die Differenz zwischen Bruttoinlandsprodukt (BIP) und Abschreibungen) üblicherweise mit einem Y symbolisiert. Es ist vom engli-

entierte Gewinne (G), auf konsum- und investitionsorientierte Staatsausgaben (St) und größtenteils nur konsumorientierte Löhne (L) – wobei Sie die Ersparnisse (S)[9] zunächst (!) vergessen können, denn die werden von den Banken wiederum als Konsum- oder Investitionskredite weitergegeben (an G, St oder L).[10]

Zwar gibt es letztlich nur eine *Ursache* für Wirtschaftskrisen, dafür aber umso mehr *Anlässe*, wie ein gegebenes Verteilungsgleichgewicht aus dem Lot kommen kann: von der Naturkatastrophe über einen Krieg oder der Entstehung und dem Platzen einer Spekulationsblase bis hin zu kreuzdämlicher Kaputtsparpolitik oder einer nicht minder kreuzdämlichen Politik nach dem Motto ‚Gewinne hoch und Löhne und Sozialleistungen runter'. Letztlich und im

---

schen *yield* abgeleitet, das allgemein für Einkommen, Ertrag, Gewinn oder Produktion steht.

[9] Das S steht für savings.

[10] Und auch den Außenhandel können Sie vorerst (!) vergessen, denn der ist, um das Extrembeispiel zu nennen, für Deutschland, den Weltmeister in Sachen Handelsbilanzüberschuss, seit Jahrzehnten von großem Vorteil – und dennoch gibt es in Deutschland Massenarbeitslosigkeit im vierten (!) Jahrzehnt. Die anhaltende Massenarbeitslosigkeit muss also interne Ursachen haben. Logisch zwingend. Davon später noch mehr.

Ergebnis – obwohl viele Wege zu diesem Ergebnis führen können – ist es aber immer eine falsche Verteilung von Y auf G, St und L, die, hält sie länger an, zur Krise führt. Viele Wege führen in den Abgrund, nur ist es immer wieder derselbe Abgrund – eine falsche Aufteilung des Volkseinkommens mit einer Wirtschaftskrise als Folge.

Falsch ist die Aufteilung des Volkseinkommens auf eher investiv orientierte und eher konsumtiv orientierte Volkseinkommensteile genau dann, wenn sie proportional nicht den investiven und konsumtiven Produktionsgrößen und Produktionspotenzialen entspricht, wenn also schlichtweg nicht alles an Investitionsgütern und Konsumgütern gekauft werden *kann* – obwohl grundsätzlich genug Geld (Einkommen) da ist. Es ist nur – was die volkswirtschaftlichen Erfordernisse betrifft, also funktional – falsch verteilt! Hält dieser Zustand länger an, ist eine Krise unweigerlich.

Sie können sich, liebe Leserinnen und Leser, diese Zusammenhänge ganz einfach anhand von Extrembeispielen klarmachen. Stellen Sie sich vor, das Volkseinkommen würde nur auf die Gewinnbezieher verteilt werden – und die Lohnempfänger würden gar nichts bekommen (vom Zwitter St sehen wir mal kurz ab). Was würde passieren? Klar, die Wirtschaft würde auf der Stelle zusammenbrechen. Die Arbeitnehmer hätten keine Einkommen mehr. Kein Händler könnte mehr etwas verkaufen (vom Konsumanteil von G sehen wir ebenso mal kurz ab). Nichts müsste und könnte mehr produziert werden, auch keine Investitionsgüter, mit denen ja letztlich Konsumgüter produziert werden sollen. Die Arbeitslosigkeit läge schnell bei 100 Prozent.

Würde das Volkseinkommen hingegen vollständig (wieder unter Abstraktion von St) auf die Lohnempfänger verteilt werden, wäre also Y = L, so würden die üblichen Gewinnempfänger komplett leer ausgehen. Sie könnten also nicht mehr investieren, nicht für einen Cent (von den Reinvestitionen aus akkumulierten Abschreibungen mal abgesehen). Was würde passieren? Nun, die Volkswirtschaft würde nicht sofort zusammenbrechen, weil natürlich noch mit dem gegebenen Produktionspotenzial weiterproduziert werden könnte. Aber eben nicht ohne Ende. Mittel- und langfristig wäre dieses Produktionspotenzial verschlissen – und die Wirtschaft wiederum am Ende.

Es erscheint also klar, dass es eine optimale, eine gleichgewichtige Verteilung des Volkseinkommens gibt, die genau den Produktionserfordernissen und den Produktionspotenzialen in der Investitions- und Konsumgüterindustrie entspricht – und dass ein Abweichen von diesem Gleichgewicht unweigerlich zur Krise führt, zur Unterauslastung der Produktionskapazitäten und zu entsprechender Arbeitslosigkeit.

Na, war mein Crashkurs in Sachen VWL und Krisentheorie etwa schwer?

4. Wie und warum der Fluch des Neoliberalismus über uns kam

Wie ist es aber zu diesem Abweichen von einer halbwegs gleichgewichtigen Aufteilung des Volkseinkommens gekommen – und zwar nicht nur in Griechenland oder Deutschland (siehe die langfristig anhaltende bundesdeutsche Massenarbeitslosigkeit), sondern in praktisch allen westlichen Industriestaaten, und das seit langen Jahrzehnten?

Die generelle Antwort lautet: Im kapitalistischen Wirtschaftssystem ist die Kapitalseite systematisch machtvoller als die Arbeitnehmerseite. Das Kapital verfügt über die Produktionsmittel, in hohem Maße über die Medien, also die Bewusstseinsindustrie, und, um es zurückhaltend zu formulieren, die Distanz zwischen Kapital und Politik ist nicht immer die größte – von direkter Korruption und Parteienfinanzierung ganz zu schweigen. Deswegen entscheidet das Kapital den Verteilungskampf in der Regel für sich – und deswegen steigen die Kapitaleinkommen (Gewinne, Zinsen, Dividenden, Tantiemen, Boni etc.) seit langen Jahrzehnten weit schneller als die Löhne oder die Staatseinnahmen. Selbst im Exportwunderland Deutschland nimmt der Abstand zwischen Arm und Reich immer mehr zu, obwohl, von wenigen Jahren abgesehen, das Bruttoinlandsprodukt (BIP) wächst und wächst – das kann man, wie einleitend schon angemerkt, selbst in den regierungsoffiziellen Armutsberichten der letzten Jahre nachlesen und das wird selbst in der braven Bürgerpresse immer wieder brav gemeldet.

Nun, dass die Kapitalseite im Kapitalismus systematisch machtvoller ist als die Arbeitnehmerseite, ist nichts Neues. Das ist so, seit es den Kapitalismus gibt. Neu war aber – und das ist die speziellere Antwort auf die Frage nach den Ursachen der zeitgenössischen Krise –, als die wirtschaftliche Entwicklung nach dem Zweiten Weltkrieg, die für die Arbeitnehmerseite lange Zeit recht günstig war (steigende Reallöhne, wachsende Sozialleistungen, Arbeitszeitverkürzungen in vielfältiger Form), Mitte der 1970er-Jahre peu à peu ihr Ende fand – und zwar mit dem Beginn des Siegeszuges des *Neoliberalismus* als Ideologie wie als Realpolitik der Entfesselung des Kapitalismus von möglichst vielen sozialen und staatlichen Abgaben und Regulierungen.

Diese Ideologie besagt, um es in aller Kürze zu formulieren, dass das Kapital möglichst hohe Gewinne machen muss, um möglichst viele Investitionen finanzieren und möglichst viele Arbeitsplätze schaffen zu können. Und der beste Weg dahin wäre die Befreiung, die Entfesselung des Kapitals von möglichst allen gesetzlichen oder tariflichen Bindungen – Kapitalsteuern, Tarifverträge, Sozialabgaben, Umweltschutzvorschriften etc. Der beste Weg dahin sei also die möglichst weitgehende Realisierung des *Modells des vollkommenen Marktes*. Der steuere das Wirtschaftsgeschehen hoch effizient, ja optimal (nach den Prinzipien von Angebot und Nachfrage) und führe letztlich zu steigendem Wohlstand für alle.

Wie und warum kam es zur Durchsetzung der Ideologie und Realpolitik des Neoliberalismus? Nun, darauf gibt es zwei Antworten. Die erste, die man immer wieder hört und liest, lautet: Das Kapital war durch die Entwicklung zum Wohlfahrtsstaat, zur sogenannten sozialen Marktwirtschaft (in Schweden zum Beispiel betrug die Staatsquote in den 1970er-Jahren über 70 Prozent, in Westdeutschland weit über 50 Prozent) derartig in die Defensive gedrängt, dass es zu einem Gegenangriff anhob, quasi auf allen Kanälen.

Diese Antwort ist nicht ganz falsch. Aber es gibt noch eine zweite Antwort, die meines Erachtens in Sachen Siegeszug des Neoliberalismus (als, wie gesagt, Versuch der realpolitischen Durchsetzung des Modells des vollständigen Marktes) viel mehr erklärt – aber nur selten, wenn überhaupt, geäußert wird. Sie lautet: Mitte der 1970er-Jahre hatte sich das Modell des vollständigen Marktes in den wirtschaftswissenschaftlichen Lehrbüchern, Fakultäten und Hörsälen endgültig als Standard- und Referenzmodell durchgesetzt.

Ich behaupte also, dass am Siegeszug des Neoliberalismus vor allem die neoliberal und marktradikal gleichgeschalteten Wirtschaftswissenschaftler schuld sind? Genau! Genau das behaupte ich! Sie, liebe Leserinnen und Leser, dürfen sich die Sache nur nicht so vorstellen, dass unsere Politiker einfach brav und unterwürfig das exekutieren, was ihnen die Wirtschaftswissenschaftler abverlangen – etwa der bundesdeutsche Sachverständigenrat zur Begutachtung der gesamtwirtschaftlichen Entwicklung, in dem, so zumindest die offizielle Politik und die brave Bürgerpresse, die ‚Crème' der deutschen Wirtschaftswissenschaftler sitzt. Die Sache ist vielmehr die, dass die Eliten in Ökonomie, Politik und Medien (und auch wieder in den Wirtschaftswissenschaften) in hohem Maße an den wirtschaftswissenschaftlichen Fakultäten (BWL und VWL) ausgebildet werden (viele studieren parallel auch Jura). Und dort herrscht, wie gesagt, seit langen Jahren ein neoliberaler, marktradikaler und übrigens auch konservativer, elitärer bis autoritärer Zeitgeist. Wer sich dem nicht beugt, hat keine Chance ‚hochzukommen', also Teil der Entscheidungseliten zu werden. Links, sozial und am Gemeinwohl orientierte Keynesianer (Nachfragetheoretiker) finden sich in der wirtschaftswissenschaftlichen Professorenschaft inzwischen ähnlich häufig wie schwarzhäutige jüdische Lesben. Und in den Chefetagen der Konzerne und Medien sieht es nicht anders aus.

Ich möchte Ihnen, liebe Leserinnen und Leser, zumindest eine Kostprobe davon geben, was besagter Sachverständigenrat im Jahre 2003 in seinem Gutachten der damals rot-grünen Bundesregierung (die gerade dabei war, die durch und durch neoliberal verseuchte Agenda 2010 und deren Kern, die Hartz-Gesetze, zu realisieren) in den Block diktierte:

„Die vielfach geäußerte Befürchtung einer geringeren Nachfrage aufgrund einer solchen tarifpolitischen Strategie (der anempfohlenen Lohnzurückhaltung; E.S.) ... erweist sich ... als nicht stichhaltig. Denn beschäftigungsfreundliche Anhebungen der Tarifverdienste (neudeutsch für: Reallohnkürzungen; E.S.) stellen eine Verbesserung der Angebotsbedingungen (!! E.S.) dar – eine Verbilligung (!! E.S.) des Faktors Arbeit (!! E.S.), höhere internationale Wettbewerbsfähigkeit (weil das im Lande des jahrelangen Exportweltmeisters Deutschland ja auch so dringlich ist; E.S.) und aufgrund höherer Gewinne potentiell (!! E.S.) auch eine Ausweitung der Investitionstätigkeit –, über die sich dann (also genauso nur potenziell!! E.S.) auch ein Beschäftigungsaufbau einstellt."[11]

Da steht, mit anderen Worten, dass das Angebot (verstanden als das Gesamt der Kapitalverwertungsbedingungen) alles ist – und die Nachfrage nichts! Da haben Sie die Ideologie des ökonomischen Neoliberalismus und der Angebotstheorie in Reinform![12]

Die realpolitische Durchsetzung der Ideologie des Neoliberalismus (nach der Kurzformel: Gewinne hoch, Löhne und Sozialleistungen runter) begann dann Mitte der 1970er-Jahre – und zwar in Deutschland! Nicht erst mit

---

[11] Sachverständigenrat zur Begutachtung der gesamtwirtschaftlichen Entwicklung 2003: Jahresgutachten 2003/04, S. 24.

[12] Vgl. auch meine Kritik der Angebotstheorie: www.egbert-scheunemann.de/Say-und-die-Folgen.pdf

dem Machtantritt der Obereinpeitscher des Neoliberalismus Margaret Thatcher (1979) und Ronald Reagan (1981) begann die Entfesselung des Kapitalismus von tarif-, sozial- und steuerpolitischen ‚Lasten'. Es war Helmut Schmidt (er wurde 1974 Bundeskanzler), der den legendären Satz äußerte, dass die Gewinne von heute die Investitionen von morgen und die Arbeitsplätze von übermorgen seien! Seine Politik gestaltete sich entsprechend kapitalfreundlich – mit dem Ergebnis, dass die Arbeitslosigkeit in Deutschland 1981 die Millionengrenze überschritt.

Und seitdem stieg sie und stieg sie immer weiter! Am Ende der Kanzlerschaft von Schmidt (1982) war die Zahl der Arbeitslosen auf fast zwei Millionen angewachsen. Und am Ende der Kanzlerschaft von Helmut Kohl (1998), der die kapitalfreundliche Politik noch einmal intensivierte, war sie auf über vier Millionen gestiegen (natürlich auch, aber eben nicht nur bedingt durch die deutsche Wiedervereinigung – die wiederum nach neoliberaler Art exekutiert wurde). Als dann die rot-grüne Regierung unter Gerhard Schröder den neoliberalen Wirtschaftskurs nochmals verschärfte (in Form der Durchsetzung der Agenda 2010 und speziell der Hartz-Gesetze), schrammte die Zahl der Arbeitslosen 2005 sogar knapp die Marke von fünf Millionen.

Ich habe, liebe Leserinnen und Leser, die furchtbaren Folgen der neoliberalen Wirtschaftspolitik hier ganz bewusst am Beispiel Deutschlands aufgezeigt – des jahrzehntelangen Exportweltmeisters (pro Kopf gerechnet)! Selbst im Lande des Exportweltmeisters funktionierte die neoliberale Wirtschaftspolitik nach dem Motto ‚Gewinne hoch, Löhne und Sozialleistungen runter' *nicht* – sondern sie führte zum genauen Gegenteil dessen, was die Theorie, die Ideologie versprach: zur Massenarbeitslosigkeit statt zum Gleichgewicht und zur Vollbeschäftigung.

Warum sie zum genauen Gegenteil führte? Weil diese Theorie grundfalsch, ja strohdumm ist! Sie ist die dümmste Theorie aller Zeiten! Sie glauben mir nicht? Bitteschön:

5. Kurzer Exkurs: Die Theorie des vollständigen Marktes als dümmste Theorie aller Zeiten

Was würden Sie, liebe Leserinnen und Leser, zu einer wissenschaftlichen Theorie sagen, die in 100 Prozent der Fälle die Realität treffend erklärt – und prognostiziert? Sie würden bestimmt sagen, und das täte ich auch, dass das eine ganz famose Theorie ist! Würde eine Theorie nur in 80 Prozent der Fälle die Realität treffen – gut, würden Sie sagen, aber da muss wohl noch etwas nachgebessert werden. Träfe eine Theorie nur in 50 Prozent der Fälle die Realität, wären wir inzwischen in einer Situation, in der wir auch eine Münze hätten werfen können. Und träfe eine Theorie in *keinem* Fall die Wirklichkeit – nun, dann würden wir ihrem Verfasser freundlich nahebringen, dass er besser den Job wechseln und sein Glück im Bereich Ackerbau und Viehzucht oder bei der Müllsortierung versuchen sollte.

Was aber, wenn das, was eine wissenschaftliche Theorie voraussagt, nicht nur in *keinem* Fall eintritt – sondern wenn das *genaue Gegenteil* von dem eintritt, was prognostiziert worden ist? Sie werden mir bestimmt zustimmen, dass eine Einweisung der Vertreter dieser Theorie in eine Gummizelle eine therapeutisch durchaus sinnvolle Maßnahme wäre.

Nun sitzen die Vertreter der Theorie des vollständigen Marktes aber nicht in Gummizellen, sondern auf den Lehrstühlen der neoliberal-marktradikal gleichgeschalteten wirtschaftswissenschaftlichen Fakultäten – hoch bezahlt aus Steuergeldern. Was sie lehren, habe ich an anderer Stelle schon ausformuliert. Ich erlaube mir deswegen, mich kurz selbst zu zitieren, auch, um mir etwas Formulierungsarbeit zu sparen:

„Das klassische wie neoklassische Modell des vollständigen Marktes ist ein Idealmodell, das auf drei Grundannahmen beruht. Man könnte insofern auch von der heiligen Dreifaltigkeit der Klassik und Neoklassik[13] sprechen: Das Modell geht *erstens* aus von vollständiger Konkurrenz (also von tendenziell unendlich vielen Anbietern und Nachfragern sämtlicher Produktionsfaktoren), es unterstellt *zweitens* vollständige Information (unendlich schnelle Informierung) und *drittens* vollständige Mobilität (unendlich schnelle Reaktionsfähigkeit) aller Marktteilnehmer und Produktionsfaktoren. Es kann theoretisch gezeigt werden (Walras hat es auch mathematisch getan), dass unter der *Geltung* solcher Bedingungen irgendwelche ökonomischen Ungleichgewichte (Krisen, Arbeitslosigkeit, Inflation etc.) völlig unmöglich sind – und das erscheint auch unmittelbar einsichtig: Prescht beispielsweise ein Pionierunternehmer mit einer am Markte erfolgreichen Produkt- oder Prozessinnovation, also mit besseren Produkten oder besseren Produktionsmethoden vor, um seine Konkurrenz auszustechen, zieht diese sofort mit entsprechenden In-

---

[13] Der Klassiker schlechthin in Sachen Theorie des vollständigen Marktes ist Adam Smith, als Neoklassiker werden Theoretiker wie Marshall, Pigou oder Walras bezeichnet. Die Abgrenzung ist in der Literatur aber keinesfalls eindeutig. Ob ‚Neo-' oder nicht – wichtig ist allein der positive Bezug des jeweiligen Theoretikers auf das Modell des vollständigen Marktes.

vestitionen und Produktionsausweitungen nach. Wagt es ein Unternehmer, auf die Selbstkosten, die ihm in einem vollkommenen Markt durch die durchschnittlichen Selbstkosten der gesamten Branche vorgegeben sind, einen Gewinn aufzuschlagen, wandern seine bisherigen Kunden sofort und ausnahmslos zur Konkurrenz ab.[14] Verlangt ein Arbeitnehmer einen höheren Lohn als den auf einem vollständigen Markt resultierenden Gleichgewichtslohn, wird er sofort durch einen Arbeitnehmer ersetzt, der mit dem Gleichgewichtslohn zufrieden ist (es gibt im Modell ja unendlich viele Arbeitskraftanbieter, seien diese – freiwillig! – arbeitslos oder beschäftigt, jedoch hochflexibel zu sofortigem Arbeitsplatzwechsel bereit).

Wir sehen, dass wir es drehen und wenden können, wie wir wollen: Der vollständige Markt reagiert unendlich schnell auf jede auch nur denkbare Störung (sei diese ‚Störung' auch eine durchaus positiv zu bewertende Innovation) und tariert alle Angebote und Nachfragen (an oder nach Produkten, Dienstleistungen, Kapital, Geld, Devisen, Arbeitskräften, Arbeitsplätzen etc.) unweigerlich zum all-

---

[14] Es gibt im Modell des vollständigen Marktes also keinerlei Gewinne! Im Ernst!

gemeinen Gleichgewicht aus. Das perfekte, das ideale Modell!

Wir sehen aber auch, wo der Schwachpunkt dieses idealtypischen Modells liegt: *Nichts*, kein Produktionsfaktor, auch kein virtueller wie das internationale Finanzkapital, kann *unendlich* schnell reagieren. Selbst wenn die Produktionsfaktoren (und zwar nicht nur die virtuellen, sondern auch die realen!) mit *Lichtgeschwindigkeit* auf veränderte Marktbedingungen reagieren *könnten*, wäre ein allgemeines Gleichgewicht nur noch *möglich*, aber nicht mehr *notwendig*: Der Innovationsvorsprung eines Pionierunternehmers, der sich etwa in geringeren Produktionskosten und analog steigenden Gewinnen manifestieren wird, könnte zwar durch die Konkurrenz mit Lichtgeschwindigkeit *imitiert*, aber nicht notwendig *eingeholt* werden – solange zumindest nicht, wie der Pionierunternehmer gestiegene Gewinne nutzt, um in Forschung und Entwicklung zu investieren, also Innovationsvorsprünge nicht nur zu perpetuieren, sondern auszubauen, also zu *akkumulieren*.

Selbst unter physisch gerade noch möglichen Bedingungen (Reaktion aller Produktionsfaktoren mit Lichtgeschwindigkeit) ist im Modell des vollständigen Marktes ein allgemeines Gleichgewicht nicht mehr *notwendig* – sondern nur noch als Zufallsprodukt *möglich*.

Das ist der *theoretische Grund,* warum die Theorie, der vollständige Markt führe immer und unweigerlich zu einem allgemeinen Gleichgewicht, *theoretischer Unsinn* ist – sie gilt *notwendig* noch nicht mal unter Bedingungen, die physikalisch gerade noch möglich sind.

Die *empirische Ursache,* warum diese Theorie nur noch als *dumm* bezeichnet werden kann, ist natürlich die augenscheinlich wahrnehmbare Realität: Immer dann, wenn real existierende kapitalistische Marktwirtschaften hochgradig frei waren von staatlicher (sozialpolitischer, arbeits- oder umweltrechtlicher etc.) Regulierung, folgte zwingend, was zwingend folgend musste: die Akkumulation, Zentralisierung und Monopolisierung des Kapitals, des Reichtums und der Verfügungsgewalt über die Produktionsfaktoren auf der einen Seite und die Verelendung der arbeitenden Bevölkerung und der natürlichen Umwelt auf der anderen Seite. Das zeigte sich zu Zeiten des Manchesterkapitalismus in den historischen Kernländern des Kapitalismus, es zeigte sich seitdem in allen Staaten, die ihre Nationalökonomien nach ähnlichem Muster nachholend industrialisierten, und es zeigt sich erneut in den Kernländern des Kapitalismus, seitdem im Zuge der Durchsetzung der Hegemonie des Neoliberalismus sozialstaatliche Einhegungen niedergerissen und die Kapitalflüsse weitgehend liberalisiert worden sind – mit bekannten Folgen: Reallohn-, Sozialeinkommens- und damit Kaufkraftverluste, Massenarbeitslosigkeit, wachsende Kluft zwischen Arm und Reich, Gewinnexplosion, Kapitalkonzentration, Fusionsfieber, Börsenfieber und letztlich die jüngste internationale Finanzmarkt- und Realwirtschaftskrise.

Der Grund, warum Konzentrations- und Monopolisierungsprozesse in diesem *realen* System *zwingend* ablaufen, ist ganz offenbar: Die Produktionsfaktoren können eben *nicht* theoriekonform unendlich schnell reagieren. Entstehende kleine Vorteile, etwa durch am Markt erfolgreiche Produkt- oder Prozessinnovationen, wachsen sich schnell zu manifesten Machtungleichgewichten aus – viel Kapital schafft viel Gewinn oder Zins (und damit, um im Beispiel zu bleiben, wachsende Forschungsmittel für weitere Produkt- oder Prozessinnovationen), wenig Kapital nur wenig, und gar keines schafft gar nichts.

Völlig klar ist auch, dass Arbeitnehmer, weil sie von ihrem Lohn existenziell abhängig sind, von vornherein schlechtere Karten haben in diesem ungleichen Machtspiel. Das Einpendeln des volkswirtschaftlichen Durchschnittslohns knapp oder exakt auf dem physischen Existenzminimum widerspricht in keiner Weise dem Modell des vollständigen Marktes und ist sogar hochwahrscheinlich, wenn dem Prozess des Niederkonkurrierens auf das physisch und biologisch gerade noch erträgliche Niveau keine externen Grenzen gesetzt werden – durch gewerkschaftlich ausgehandelte Tarif- oder staatlich festgesetzte Mindestlöhne etwa.

Weil dieser Prozess des Niederkonkurrierens auch die natürlichen Grundlagen des Wirtschaftens betrifft, gleicht das Realmodell des entfesselten kapitalistischen Marktes weit eher einer ökosozialen Herzinfarktökonomie als dem theoretisch prognostizierten himmlischen Zustand wachsenden Wohlstands für alle.

Weder in theoretischer noch in empirischer Perspektive kann die Theorie des vollständigen Marktes also halten, was sie verspricht. Nicht ein allgemeines ökonomisches und gar soziales oder ökologisches Gleichgewicht ist Folge der Herrschaft einer entfesselten kapitalistischen Marktwirtschaft, sondern wachsende ökonomische (Krisen, Massenarbeitslosigkeit), soziale (astronomisch steigende Gewinne hier, Verarmung und Verelendung dort) und ökologische Ungleichgewichte (Raubbau an der Natur) sind das theoretisch hochgradig wahrscheinliche wie empirisch immer wieder manifeste Resultat aller Versuche, das Modell des vollständigen Marktes zur Richtschnur realer Wirtschaftspolitik zu machen.

Wenn der Wert einer wissenschaftlichen Theorie danach zu bemessen ist, dass sie gegebene Realität möglichst adäquat abbildet und erklärt und zukünftige Realität möglichst treffgenau prognostiziert – was anderes bleibt uns also übrig, als die Theorie des vollkommenen Marktes als dümmste Theorie aller Zeiten zu bezeichnen, da sie das *genaue Gegenteil* von dem voraussagt, was immer wieder und bis zu einer gewissen Bewusstlosigkeit real zu beobachten ist?"[15]

6. Die verheerenden allgemeinen Folgen der neoliberalen Wirtschaftspolitik

Uns wird also seit vier Jahrzehnten (!) auf allen Kanälen weisgemacht, dass Senkungen der Gewinnsteuern und der Sozialabgaben sowie Lohnzurückhaltung zu einer Stärkung der Gewinne, damit der Investitionen und damit der Beschäftigung führen – und Massenarbeitslosigkeit im vierten Jahrzehnt und eine dramatische Zunahme der Armut sind die realen Folgen dieser schwachsinnigen, allein

---

[15] Vgl.: www.egbert-scheunemanfußpfun.de/Realsatire-internationale-Fianzmarktkrise-Scheunemann.pdf, S. 3-6. Ich habe den Text oben leicht überarbeitet.

für das Kapital ‚erfolgreichen' Politik. Und selbst die, die Arbeit gefunden haben in den letzten Jahren und die deswegen aus der Arbeitslosenstatistik verschwunden sind, tun das mehr und mehr im Billig- und Hungerlohnsektor. In Deutschland arbeitet inzwischen rund ein Viertel der gesamten Erwerbsbevölkerung in diesem Bereich! Nochmals und immer wieder: Selbst in der – gemessen an den einzigartigen Exporterfolgen – erfolgreichsten Ökonomie der Welt herrscht Massenarbeitslosigkeit im vierten Jahrzehnt und prekäre Beschäftigung in Größenordnungen eines Viertels aller Beschäftigten als Folge der Herrschaft des Neoliberalismus und der an ihm ausgerichteten realen Wirtschaftspolitik!

Die neoliberale Wirtschaftspolitik ist nicht etwa ein Weg aus der Krise und aus der Massenarbeitslosigkeit – sondern vielmehr und genau umgekehrt DIE Ursache für sämtliche Wirtschaftskrisen der letzten vierzig Jahre. Die Umverteilung von unten nach oben und der über Jahrzehnte gegenüber dem Wachstum der Löhne und der Staatseinnahmen weit schnellere Anstieg sämtlicher Kapitaleinkommen (Gewinne, Dividenden, Zinsen, Boni etc.) führten dazu, dass immer größere Teile dieser Kapitaleinkommen nicht mehr sinnvoll in der Realökonomie investiert werden konnten – und deswegen auf die internationalen Finanzmärkte wanderten, um dort von steigenden Zinsen und spekulativen Kurssteigerungen (von Aktien, Devisen, Finanzderivaten aller Art) zu profitieren. Immer wieder bauten sich Finanz- und Spekulationsblasen auf und immer wieder platzten diese – erst in der lateinamerikanischen Schuldenkrise der 1980er Jahre, dann in der Asienkrise der 1990er Jahre, erneut beim Zusammenbruch der sogenannten New Economy (Dotcom-Blase) im Jahr 2000 und schließlich in der jüngsten internationalen Banken- und Finanzmarktkrise seit 2008.

Und genau diese letzte Krise war für die Industriestaaten verheerend. Die Rettung der Banken nach dem Motto ‚Privatisierung der Gewinne, Sozialisierung der Verluste' ließ die Staatsschulden in diesen Ländern sprunghaft und dramatisch ansteigen. Der Versuch, diesen Anstieg der Staatsschulden durch heftige soziale Kürzungsprogramme zu begrenzen, verwandelte die Bankenkrise schließlich schnell in eine Krise der Realwirtschaft. Und das wurde ‚mustergültig' an und in Griechenland exekutiert. Sehen wir uns die verheerenden Folgen der neoliberalen Kaputtsparpolitik für Griechenland nun etwas genauer an.

7. Die verheerenden Folgen der neoliberalen Wirtschaftspolitik speziell für Griechenland – oder von den wahren und den falschen Ursachen der griechischen Misere

Nun endlich, nach all diesen krisentheoretischen Präliminarien und meinem Versuch, die wahren Ursachen, um nicht zu sagen: *die* Ursache der internationalen Finanzmarkt- und Weltwirtschaftskrise nach 2008 aufzuzeigen, kommen wir zu Griechenland. Stimmt, liebe Leserinnen und Leser, ich habe Ihnen auf den letzten 38 Seiten einiges zugemutet in Sachen Ausflug in die VWL und die ökonomische Krisentheorie. Aber vielleicht werden Sie mir inzwischen zustimmen, dass nur so klar werden konnte, dass die griechische Staatsschuldenkrise absolut kein griechisches Spezifikum ist!

Oder vielleicht ja doch? Ist nicht vor allem, wie man in der deutschen kulturrassistischen Presse immer wieder lesen konnte, der griechische Schlendrian schuld an allem? Der faule, Steuern hinterziehende, vom Schuldenmachen lebende Grieche?

Wie blödsinnig diese These ist, können Sie sich, liebe Leserinnen und Leser, schnell klarmachen, wenn Sie an das zurückdenken, was ich eingangs schon zitiert habe: Der schnelle Anstieg der griechischen Staatsschulden erfolgte ab 2008, also nach Ausbruch der *internationalen*

Finanzmarktkrise – wie in den von ihr betroffenen Industriestaaten allgemein und analog. *Überall* wuchsen die Staatsschulden im Zuge der Bankenrettungen sprungartig an. Würde dieser Anstieg in Griechenland um zwischenzeitlich über 70 Prozentpunkte auf die genannten ‚griechischen Spezifika', auf die ‚griechische Mentalität' zurückzuführen sein, würde dass ja bedeuten, dass die Griechen ab 2008 schlagartig fauler und konkurssüchtig geworden wären! Was für ein Blödsinn!

Dass ‚der Grieche' zur Buchführung und zum Steuerzahlen ein gelegentlich durchaus kreatives Verhältnis hegt, ist nicht vollständig von der Hand zu weisen. Aber das als *primäre* Ursache für die griechische Misere zu bezeichnen, ist völliger Schwachsinn. Um nur mal kurz daran zu erinnern: Die mit Abstand meisten Berichte in Sachen Steuerhinterziehung kamen in den letzten Jahren – na? Genau: Aus Deutschland! Nicht aus Griechenland! Ein paar Stichworte zur Erinnerung: massive Steuerhinterziehungen von Promis wie Alice Schwarzer oder Uli Hoeneß, massenweiser Aufkauf von CDs mit Daten von deutschen Steuerhinterziehern, die ihre Schwarzgelder in die Schweiz oder andere Steueroasen verschoben haben, und drastische Erhöhung der Zahl der Selbstanzeigen von Steuerhinterziehern – von deutschen Großkonzernen und vor allem Großbanken, die ihre Gewinne am deutschen Fiskus vorbei in Steueroasen weltweit verschieben, ganz zu schweigen. Nimmt man diese Realitäten zur Kenntnis, lässt sich also nur sagen: Die hässlichste Steuerhinterzieherfratze ist eine deutsche, keine griechische.

Die Ursache für den rasanten Anstieg der griechischen Staatsschulden ist *inzwischen* nicht mal mehr die internationale Finanzmarktkrise, sondern die geisteskranke Kaputtsparpolitik, die Griechenland von der Troika aus EZB, EU und IWF – und in der EU vor allem von Großdeutschland – aufgeherrscht wurde. Ich liste Ihnen mal die dramatischen Wachstumseinbrüche der griechischen Wirtschaft der letzten Jahre auf: -0,22 % 2008, -3,14 % 2009, -4,94 % 2010, -7,11 % 2011, -6,38 % 2012 und -4,31 % 2013. Das entspricht einem Schrumpfungsprozess von gut einem *Drittel!* Stellen Sie sich mal vor, in Deutschland würde das BIP um ein Drittel einbrechen! Damit Ihr Einkommen um ein Drittel! Damit die Steuerbasis um ein Drittel! Nun, genau das ist in Griechenland passiert!

Eine der besonders perversen Folgen dieser verheerenden Resultate der neoliberalen Kaputtsparpolitik lautet: Wenn das BIP schrumpft, steigt auch bei *gleichbleibender absoluter* Schuldenhöhe die Schulden*quote* gemessen am BIP. Und wie reagieren dumme Neoliberale darauf? Genau – sie fordern und implementieren das nächste Kaputtsparprogramm. Und alles wird immer noch schlimmer!

Eine weitere perverse Folge dieser geisteskranken Politik war, dass ab dem Moment, als Griechenland erst mal in der Schuldenfalle saß, die Zinsen, die es für neue Kredite zahlen musste, um alte ablösen zu können, dramatisch in die Höhe schossen – zeitweise bis auf 25 Prozent! Damit schossen auch die griechischen Staatsschulden und die Staatsschuldenquote in die Höhe – ohne dass Griechenland einen einzigen Cent wirklich neuer, zusätzlicher Kredite aufgenommen hätte! Die Ratingagenturen setzten die Bonitätsstufe für griechische Staatsanleihen auf den Status ‚Ramsch' – und die griechischen Staatsschulden wuchsen dramatisch, ohne jedes ‚typisch griechische' Schuldenmachen! Wer erst in der Schuldenfalle sitzt, häuft immer mehr Schulden an – obwohl er selbst gar keine Schulden macht! Ihm *werden* immer mehr Schulden gemacht und aufgehalst!

Und was die Griechen seit langen Jahren ‚zurückzahlen', ist etwas, was sie eigentlich nie bekommen haben – nämlich Zinsen und Zinseszinsen und Zinseszinseszinsen! Die bisherigen ‚Schuldenschnitte' waren bei genauerer Betrachtung also keine Schuldenschnitte, sondern Erklärungen der Gläubiger, auf einen Teil ihrer akkumulierten Zinsen und Zinseszinsen zu verzichten! Auf etwas zu verzichten, was sie den Griechen nie gegeben hatten!

Und wer waren diese Gläubiger? Vor allem deutsche (und im Falle Griechenlands auch französische) Banken! Die ‚Rettungsfonds' für Griechenland waren in Wahrheit also Bankenrettungsfonds! *Der* Profiteur der griechischen Misere ist Deutschland, sind die deutschen Banken! Nicht die Deutschen zahlen an die Griechen, sondern die Griechen an die Deutschen! Wer etwas anderes sagt, ist ein uninformierter Idiot – oder er lügt!

Wie etwa große Teile der großdeutschen Presse. Wie oft musste man in den letzten Jahren lesen, dass Griechenland von der Troika – und damit vor allem von Deutschland – neue ‚Hilfspakete' bekommen habe, dass nach Griechenland neue Milliarden geflossen seien. Nur selten las man, dass es sich bei diesen Milliarden nicht um Geschenke, sondern um rückzahlbare verzinsliche *Kredite* handelte, die größtenteils dazu genutzt wurden, um alte Kredite abzulösen – die also schnurstracks zurück in die Kassen der in der EU und speziell in Deutschland sitzenden Banken geflossen sind!

Liebe Leserinnen und Leser, können Sie meine Wut und Empörung über diese geisteskranke Politik und den scharfen Ton, mit dem ich mich gegen sie wende, so langsam verstehen?

8. Was man alternativ hätte tun sollen, um aus der Wirtschaftskrise und der Massenarbeitslosigkeit herauszukommen

Wenn ein Schlag mit dem Hammer zu einem Loch im Kopf führt, wäre die beste prophylaktische Medizin – diesen Hammerschlag zu unterlassen. Wie weiter oben schon kurz angesprochen: Bis Mitte der 1970er Jahre wurden das Produktivitätswachstum und das Wachstum des Volkseinkommens relativ gleichmäßig, und zwar – mehr oder minder – in allen Industriestaaten, auf die Kapitalseite, die Arbeitnehmerseite und den Staat verteilt. Das hätte grundsätzlich so weitergehen können. Aber dann kam der „Jahrhundertfluch" über uns, wie ich die Pest des Neoliberalismus schon in meinem Buch aus dem Jahr 2003 nannte. Und den Rest der Geschichte kennen Sie inzwischen, liebe Leserinnen und Leser.

Machen Sie sich bitte kurz klar, was Massenarbeitslosigkeit im Multimillionenbereich über – man kann es nicht oft genug wiederholen – VIERZIG Jahre an Wohlstandsverlusten bedeutet! Was hätten diese Menschen an zusätzlichem Wohlstand schaffen können! An zusätzlichen Bildungsangeboten, besserer Gesundheitsversorgung, höheren Investitionen in einen ökologischen Umbau des Energieversorgungs- und Verkehrssystems! Oder an Arbeitszeitverkürzungen für alle – statt Arbeitslosigkeit für viele! Was diese Multimillionen von der Arbeit in der Realwirtschaft ausschloss, war das Fehlen des Vermittlers – hinreichenden Geldes und Einkommens, das ihre Produkte und Dienstleistungen hätte kaufen können. Dieses Geld wanderte stattdessen mehr und mehr auf die internationalen Finanzmärkte – mit den inzwischen hinreichend beschriebenen katastrophalen Folgen.

So, liebe Leserinnen und Leser, jetzt erleben Sie mich noch einmal als faulen Sack. Welche vernünftige, also nicht neoliberale Wirtschaftspolitik man hätte betreiben sollen und, zu spät ist es nie, ab sofort und zukünftig betreiben sollte, habe ich schon an anderer Stelle ausformuliert. Also möchte ich das hier einfach kurz zitieren:

„Welche Möglichkeiten hat der Staat aber, aus dem Staatsdefizit und aus der Krise herauszukommen jenseits des Auftürmens ‚immer gigantischerer' Staatsschulden?

Nun, er kann sich zum Ersten das Geld der Reicheren und Reichen, das er momentan in Form von Krediten einsammelt, auch einfach direkt über Steuererhöhungen abholen, indem er (vor allem höhere und hohe) Einkommen,

Zinsen, Dividenden, Kursgewinne, realwirtschaftliche Gewinne, Vermögen und Erbschaften weit höher besteuert als bislang. Damit würde er beiläufig auch die Masse an Geld verringern, die Anlage suchend immer wieder die internationalen Finanzmärkte aufbläht. Wenn er zusätzlich eine saftige Umsatzsteuer auf alle Finanzgeschäfte (Handel mit Aktien, allen anderen Wertpapieren und auch mit Devisen) einführt, würde er zusätzlich Geld einnehmen und hysterische Aufschaukelungsprozesse an den Börsen unterbinden.

Die zweite Möglichkeit für den Staat, schuldenfrei an Geld zu kommen, um das Staatsdefizit und die Wirtschaftskrise zu überwinden, ist oder wäre (nach entsprechenden gesetzlichen Änderungen), dass Zentralbankgeld (über den Umweg privater oder öffentlich-rechtlicher Banken) nicht in Form von verzinslichen Krediten in die Staatskassen geleitet wird, sondern nach dem Muster, nach dem schon heute Gewinne der Zentralbank zins- und schuldenfrei direkt auf die Konten des Staates überwiesen werden. Derzeit wird neues Geld (im Rahmen der Vorgaben der EZB) von den Zentralbanken in Form einer Kreditgewährung an die Geschäftsbanken geschaffen bzw. ‚geschöpft'. Jedes neue Geld kommt im gegebenen System also als *neue Schuld* ins Leben. Und genau das *muss* nicht sein. Die Zentralbanken könnten das neue Geld auch einfach schuld- und zinsfrei an den Staat überweisen. Solange das *im Rahmen* der weiter und *allein* von den Zentralbanken betriebenen restriktiv-inflationsvermeidenden Geldmengenpolitik betrieben werden würde (solange der Staat also nicht einfach selbstherrlich neues Geld bei der Zentralbank anfordern könnte), bestünde keine größere Inflationsgefahr als heute auch.

Da nun nicht zu erwarten ist, dass die eben beschriebene vernünftige Politik in absehbarer Zeit verwirklicht werden wird – das verhindern die in politischen Diensten des Kapitals stehenden Hampelmänner und -frauen EU- und weltweit –, sei hier noch eine andere Möglichkeit genannt, wie die sogenannte Griechenlandkrise hätte gelöst werden können, ohne neue Berge staatlicher Schulden aufzutürmen, ja bei massiver Schleifung der gegebenen! Um es so zu formulieren: Wäre ich Redenschreiber des griechischen Ministerpräsidenten, hätte ich ihm folgenden Text formuliert, den er anstelle des Anfang Mai 2010 verkündeten ersten drastischen Sparprogramms (oder, von mir aus, auch zusätzlich dazu) hätte vorlesen sollen:

‚Meine sehr verehrten Damen und Herren, die Spekulationen auf den internationalen Finanzmärkten haben zu einer unerträglichen Zinsbelastung für griechische Staatsanleihen geführt. Die griechische Regierung stellt bis auf

Weiteres die Tilgung seiner Schulden und die Zahlung der darauf fälligen Zinsen ein. Dieses Zahlungsmoratorium erfolgt so lange, bis die Zinsen für Kredite an den griechischen Staat wieder einem normalen Niveau entsprechen. In der Zwischenzeit auflaufende Zinsschulden erkennt die griechische Regierung nicht an und wird sie niemals begleichen. Ich danke für Ihre Aufmerksamkeit und wünsche Ihnen noch einen schönen Tag!'

Was wäre passiert? Nichts! Oder besser: nur Positives! Nach dem zu erwartenden üblichen Aufschrei der üblichen dementen Verdächtigen aus Politik, Medien und sogenannter Wirtschaftswissenschaft – dass nun natürlich, wenn nicht gleich die ganze Welt untergehen, so doch die Weltwirtschaft zusammenbrechen werde –, würde man sich zusammensetzen, Griechenland einen Berg an Schulden (also akkumulierten Zinsen) erlassen und die verbleibenden Schulden vernünftig umgruppieren und verzinsen. Es würde genau das eintreten, was eintrat, als Mexiko oder Argentinien Mitte der 1990er Jahre bzw. Anfang der 2000er Jahre einfach ihre Zahlungen einstellten und sich dem mörderischen Druck der internationalen Finanzmärkte einfach nicht mehr beugten: ‚Argentinien hat 2002 rund 70 Prozent der Schulden gestrichen.' Was folgte? Folgte eine Weltwirtschaftskrise oder auch nur eine Lateinamerikakrise? Nichts dergleichen! Es folgte der wirtschaftliche Wiederaufstieg Argentiniens und des gesamten Subkontinents! Wenn ich also nur Redenschreiber wäre..."[16]

Dem wäre aktuell noch hinzuzufügen, dass die reale EU-Politik und auch und vor allem die Geldpolitik der Europäischen Zentralbank (EZB) inzwischen zumindest in einem Aspekt in die richtige Richtung gehen: Die Hilfspakete an Griechenland (und die anderen ‚PIGS') waren nichts anderes als eine Umschichtung hochverzinslicher Kredite, die Griechenland auf den internationalen Finanzmärkten aufgenommen hatte, durch sehr niedrig verzinste Kredite von der Troika aus IWF, EU und EZB. Genau das war vernünftig – nur die Vergabe dieser billigen Kredite an die Bedingung der Durchführung brutalstmöglicher Sparprogramme zu knüpfen, war der helle Irrsinn. Die Beschreibung der katastrophalen Folgen dieser katastrophalen Politik muss ich hier nicht wiederholen.

Vernünftig ist zudem, dass die EZB inzwischen – und übrigens gegen den erbitterten Widerstand Großdeutschlands – dazu übergegangen ist, EU-Staatsanleihen einfach

---

[16] Vgl. www.egbert-scheunemann.de/Griechenland-und-Euro-Krisenmythos-Scheunemann.pdf, S. 6-7.

direkt aufzukaufen, also die profitorientierten privaten Geschäftsbanken in diesem Prozess einfach zu umgehen. Man nennt das zwar noch immer ‚Kredite', aber faktisch ist das nichts anderes als das direkte Überweisen neuen Geldes an den Staat durch die EZB – also genau das, was ich weiter oben gefordert habe. Denn wenn auslaufende alte EZB-‚Kredite' an den Staat einfach durch neue EZB-‚Kredite' an den Staat abgelöst werden, kann das bis zum Sankt-Nimmerleins-Tag so weitergehen. Und wenn das im Rahmen einer inflationsvermeidenden Geldmengenpolitik betrieben wird, ist das gut so, ja ein Segen: Neues Geld von der EZB kommt über den Staat in die Wirtschaft unter Umgehung der privaten Geschäftsbanken und deren Profitaufschläge und ohne die internationalen Finanzmärkte aufzublähen. Welches vernunftbegabte Wesen könnte gegen eine solch intelligente Geldpolitik etwas haben? Die etwas dagegen haben, sind Neoliberale – und vor allem deutsche Neoliberale.

Tja, wenn diese Knallköpfe von vornherein gemacht hätten, was ich seit Jahren fordere...

9. Verstaatlichung der Banken und des gesamten Finanzsektors – das allein Vernünftige

Es ist eigentlich unfassbar und nur historisch und machtpolitisch zu erklären: Im gegebenen kapitalistischen System dürfen Private mit öffentlichen Rechtstiteln handeln – auf private Kosten und auf privaten Gewinn. Geld hat viele Funktionen – es ist Tausch- und Zahlungsmittel, es hat eine Wertaufbewahrungs- und Wertmessfunktion etc. Es ist aber *letztlich* ein öffentlicher Rechtstitel. Das merkt man spätestens dann, wenn man Geld selbst produziert, also druckt, und dabei erwischt wird. Stellen Sie sich mal vor, Private könnten und würden auch mit anderen öffentlichen Rechtstiteln handeln – mit Diplomen, Doktortiteln, Kassenzulassungen für Ärzte oder Waffenscheinen. Sie würden sich ganz zu Recht an den Kopf fassen! Im gegebenen kapitalistischen System wird das volkswirtschaftliche Wohl und Wehe aber privaten Bankern und privaten Spekulanten anheimgestellt – einer Gruppe von Menschen, die, fern aller demokratischen Legitimation und öffentlichen Kontrolle, weit, weit weniger als ein Promille der Gesamtbevölkerung ausmacht!

Jene Geldinstitute, die die jüngste Finanzmarktkrise am besten überstanden haben – sie haben sie eigentlich überhaupt nicht gemerkt –, waren die brav nach öffentlichrechtlichen Prinzipien organisierten und beaufsichtigten Sparkassen und Genossenschaftsbanken, die, grob gesprochen, auf das Einsammeln von Spareinlagen und die Weitergabe dieser Einlagen in Form von ökonomisch und sozial vernünftigen öffentlichen oder privaten Konsum- oder Investitionskrediten spezialisiert und satzungemäß verpflichtet sind[17] – fern aller Spekulation mit fremder Leute Geld.

Die jüngste Bankenkrise hätte also genutzt werden können, alle maroden Banken pleitegehen zu lassen und sie dann, salopp formuliert, für 'nen Appel und 'n Ei aufzukaufen, also zu verstaatlichen, sie mit neuem Zentralbankgeld (also jenseits aller Steuergelder) in Staatsregie zu sanieren und somit einen hundertprozentigen Gläubigerschutz zu gewährleisten. Ein Durchschlagen der Banken- und Finanzmarktkrise auf die Realwirtschaft wäre auf diese Weise sofort und im Keim erstickt worden – über Nacht quasi und mit einem Fingerschnippen, denn neues Zentral-

---

[17] Das unterscheidet übrigens die Sparkassen und Genossenschaftsbanken von vielen öffentlichen Landesbanken, deren Geschäftspolitik vor und während der jüngsten Finanzmarktkrise von der privater Großbanken kaum zu unterscheiden war – und die zusammenbrachen wie die privaten.

bankgeld kann genau so geschaffen werden und wird genau so geschaffen: von einer Sekunde zur nächsten aus dem Nichts, also mit einem Fingerschnippen. Und wenn Geld genau in der Größenordnung neu geschaffen wird (als zinsloses neues Vollgeld, das die Zentralbank dem Staat einfach überweist, und also nicht als Kredit, der den staatlichen Schuldenberg weiter erhöht), in der zuvor Geld vernichtet worden ist (in Form geplatzter Kredite), besteht auch keinerlei Inflationsgefahr.

Dass solch ein Szenario funktioniert, hat Schweden Anfang der 1990er Jahre und haben die USA nach 2008 demonstriert: Marode Banken oder Versicherer wurden vollständig oder teilweise zwangsverstaatlicht – und weil sie marode waren, kostete das nicht viel. Nach der staatlichen Sanierung dieser Geldinstitute wurden die Anteile dann wieder verkauft – und zwar mit erklecklichem Gewinn. Das US-Finanzministerium verdiente auf diesem Wege bislang etwa 25 Mrd. Dollar! Um neuen Bankenkrisen vorzubeugen, hätte ich zwar vorgeschlagen, es bei der Verstaatlichung zu belassen – und mit neu sprudelnden Gewinnen verstaatlichter und sanierter Banken die staatlichen Haushalte mit zu sanieren und mit zu finanzieren. Aber immerhin: Die schwedische und US-amerikanische (und übrigens auch isländische) Realpolitik hat bewiesen, das das, was ich hier fordere, möglich und machbar und volkswirtschaftlich hochgradig sinnvoll ist – politischen Willen vorausgesetzt.[18]

10. Was man *nicht* tun sollte

Sie werden, liebe Leserinnen und Leser, natürlich schon mehrfach die immer wieder erhobene Forderung gehört und gelesen haben, Griechenland solle doch am besten aus dem Euroraum austreten und wieder die Drachme als Landeswährung einführen. So könne es die alte neue, die neue alte Landeswährung gleich mal ordentlich abwerten, die griechischen Produkte und Dienstleistungen auf den internationalen Märkten entsprechend billiger machen, die internationale Wettbewerbsfähigkeit der griechischen Wirtschaft damit verbessern, einen Handelsbilanzüberschuss erzielen und mit dem verdienten Geld seine Schulden abzahlen und danach Wirtschaft und Wohlstand fördern.

---

[18] Wie man eine gesamte Volkswirtschaft – und nicht nur den Finanzsektor – sinnvoll demokratisieren und sozialen und ökologischen Kriterien unterwerfen kann, könne Sie in aller Kürze übrigens hier nachlesen:
www.egbert-scheunemann.de/Ota-Siks-Humane-Wirtschaftsdemokratie-auf-5-Seiten.pdf

Nach der Durchführung der von der Troika aufgeherrschten Spardiktate wäre die Wiedereinführung der Drachme aber das Zweitdümmste, was die Griechen tun könnten. Punkt für Punkt:

1. Die internationale Devisenspekulation hat es zeitweise geschafft, Druck auf die Währung der drittgrößten Wirtschaftsmacht der Welt auszuüben: den Euro als Währung der 18 Länder des Euroraums (die größte Wirtschaftsmacht ist die gesamte EU (EU-28) gefolgt von den USA). Was würde die internationale Devisenspekulation wohl mit der Währung eines Landes machen, das weniger Einwohner zählt und eine weit geringere Wirtschaftskraft hat als auch nur Nordrhein-Westfalen? Wenn es im Interesse dieser Spekulanten läge, würden sie die Drachme zerdrücken wie einen Wurm!

2. Würde die Drachme nach ihrer Einführung beispielsweise um 50 Prozent abgewertet werden – die griechischen Auslandsschulden würden sich schlagartig verdoppeln! Die müssten nämlich weiterhin in Euro (oder Dollar) bezahlt werden! Auch alle Importpreise – für Energieträger, für Rohstoffe, für Investitionsgüter etc. – würden sich schlagartig verdoppeln! Das wäre endgültig verheerend für die so und so schon hochgradig verheerte griechische Wirtschaft!

3. Und welchen Ländern hätte denn in der 2008 ausgebrochenen internationalen Finanzmarkt- und Bankenkrise die eigene Währung genutzt? Sind Großbritannien oder Japan besser gefahren als – im Schnitt – die Eurozone? Oder gar die USA, die die Weltwährung Nr. 1, den Dollar, selbst drucken können? Wäre mir nicht bekannt!

4. Und nur kurz zur Erinnerung: Die vielfältigen historischen Versuche, Währungsverbünde, Währungsschlangen, feste Wechselkurse oder rigide überwachte Tunnel einzuführen, innerhalb derer Devisenkurse maximal schwanken durften, wurden doch gerade unternommen, um die zerstörerischen Wirkungen von Devisenspekulationen und Abwertungswettläufen zu dämpfen und nach Möglichkeit vollständig abzuschaffen. Nichts unterbindet den internationalen Handel mehr als heftig schwankende Wechselkurse, nichts macht ihn unsicherer!

5. Das ‚Argument', die internationale Wettbewerbsfähigkeit der griechischen Volkswirtschaft durch die Abwertung einer wiedereingeführten Drachme zu steigern, macht vor allem klar, dass die, die es vorbringen, schlichtweg keine Ahnung von der Wirtschaftsstruktur Griechenlands haben. Um es am Verhältnis zwischen den ökonomischen Strukturen Griechenlands und denen Deutschlands zu verdeutlichen: Deutschland hat in den Bereichen, in denen

Griechenland stark ist, nicht den Hauch einer Chance in Sachen Wettbewerbsfähigkeit! Wie könnte Deutschland gegen griechische Sonne, Strände und Inseln konkurrieren? Gegen griechisches Olivenöl, griechischen Schafskäse, griechische Feigen? Und wie könnte Griechenlands nicht vorhandene Autoindustrie gegen die deutsche konkurrieren? Wie gegen den deutschen Maschinenbau? Die Wirtschaftsstrukturen beider Länder sind grundverschieden! Nur etwas mehr als 20 Prozent des griechischen BIP werden im Industriesektor erwirtschaftet, in dem wiederum die Nahrungsmittelindustrie einen sehr großen Stellenwert hat (bei der Weiterverarbeitung und Veredelung der Produkte des eigenen Agrarsektors). Über 70 Prozent des griechischen BIP werden hingegen im Dienstleistungssektor geschaffen, darunter vor allem die Bereiche Tourismus, Handel, Schifffahrt und Finanzdienstleistungen.

6. Oder so gefragt: Würden Sie wesentlich mehr griechische Oliven essen, wären diese dreißig Prozent billiger? Wesentlich mehr griechischen Schafskäse genießen, würde sein Preis um vierzig Prozent sinken? Wesentlich mehr griechisches Olivenöl verbrauchen, fiele sein Preis um fünfzig Prozent? Womöglich würden sie diese ‚Billigware' dann sogar eher im Regal stehen lassen...

Sie sehen also, liebe Leserinnen und Leser, dass die Wiedereinführung der Drachme in der Tat das Zweitdümmste wäre, was die Griechen tun könnten. Noch dümmer und perverser ist allein die neoliberale Kaputtsparpolitik in ihrer Gesamtheit.

Nachwort

Sie haben gemerkt, liebe Leserinnen und Leser, dass ich meine Kritik am Neoliberalismus, an der von ihm dominierten Wirtschaftspolitik und an den verheerenden volkswirtschaftlichen und sozialen Folgen, die diese Wahnsinnspolitik speziell in Griechenland, aber auch in vielen anderen Ländern zeitigte und zeitigt, in gelegentlich deutliche, scharfe, polemische Worte gefasst habe. Aber was sind meine polemischen Worte gegen den realen Krieg (griechisch: o πόλεμος, o pólemos), der im Herrschaftsbereich des Neoliberalismus und des entfesselten Kapitalismus, also tendenziell weltweit gegen die Menschen geführt wird? Ich schäme mich als politischer Ökonom für den unumschränkt herrschenden neoliberalen wirtschaftswissenschaftlichen Mainstream, der sich an diesem Krieg gegen die Ausgebeuteten, Verarmten und Ausgestoßenen an prominenter Stelle beteiligt, ja ihn ‚wissenschaftlich' zu begründen versucht. Und ich bin darüber als Humanist und Aufklärer zutiefst empört.

Wenn Sie, liebe Leserinnen und Leser, diese Empörung teilen – bitte helfen Sie dabei mit, dass die in diesem Büchlein geäußerten Zahlen, Daten, Fakten und Argumente einen möglichst großen Leserinnen- und Leserkreis erreichen. Jede und jeder kann etwas tun – und es gibt, um Erich Kästner zu zitieren, nichts Gutes, außer man tut es! Die da oben haben die Macht, wird da unten zumindest die guten Argumente. Helfen Sie mit, sie zu verbreiten! Empören Sie sich! Greifen Sie ein! Werden Sie aktiv!